Vulva

Este libro ha sido impreso con papel procedente de fuentes sostenibles.

https://lasturaediciones.com
info@lastura.es

Colección Apuntador N.º 13
Dirige la colección: Miguel Ángel Mañas

Editado en Madrid, España

Primera edición: abril, 2024

D.L.: M-9465-2024
ISBN: 978-84-128333-9-3

Impreso en Antequera, Málaga
Printed in Spain

Irene Herrero Miguel

VULVA

VULVA, UN CLAMOR CONTRA LA VIOLENCIA DE GÉNERO VIRAL

Carlos Be

En el acto I, un narrador nos sitúa en los años noventa para relatarnos una retahíla de sucesos en torno a las libertades: en Murcia la Audiencia Provincial deniega la separación a una mujer víctima de violencia de género; en Chicago se vive con gran revuelo la noticia de un investigador que quiere ayudar a morir a una mujer diagnosticada de Alzhéimer; y en Madrid una de las protagonistas de *Vulva,* con cinco años recién cumplidos, explora sus genitales para escándalo y vergüenza de su colegio.

En aquella misma década, un servidor estudiaba Medicina en la Universitat Autònoma de Barcelona y, como miembro eventual de la sección joven del Front d'Alliberament Gai de Catalunya, organizó un taller extraacadémico de sexo seguro para su facultad. A muchos os parecerá lo más normal del mundo. Os aseguro que treinta años atrás no lo era… y no lo fue. Ante una treintena de futuros doctores, los talleristas que acuden a hablar de sexo seguro en el taller, despliegan plátanos, condones y rollos de plástico transparente, entre otros enseres. Los estudiantes, agraviados por aquella exposición tan directa y desprejuiciada, se confabulan en una tristísima atmósfera de prepotencia y rechazo hacia los talleristas: «¿Qué vienen a contarnos éstos a nosotros, profesionales de la sanidad de verdad?». Aquella experiencia me valió para dejar de ser aquel estudiante introvertido de mirada turbadora y convertirme en «el marica de segundo». «Gay» u «homosexual» no eran términos comunes. Eso sí, me consuela saber que más de uno aprendería a colocar un preservativo… o requerirlo.

En la década que nos ocupa, el estigma sigue siendo un atributo condenatorio cuasi místico del miedo y el poder que todos sufrimos y, también, todos ejercemos. Seguimos reprimidos y seguimos culpando al que hable del placer y la libertad, ya no digamos si osa manifestarse, exponerse o reivindicar.

Y *Vulva* se pregunta: ¿por qué seguimos así?

Para escribir su ópera prima, Irene Herrero parte de unos hechos funestos ocurridos en 2019 en San Fernando de Henares, provincia de Madrid. En mi humilde opinión, la intención de la autora es compartir con sus lectores y espectadores el dolor y también su rabia. Además, *Vulva* expone la necesidad de entender lo ininteligible, tanta ignominia y desigualdad estructurales, y clama por heroínas… pero solo encuentra víctimas.

La mujer real que inspira a la protagonista de nuestra historia, Lucía, se llamaba Verónica Rubio –y duele escribir que «se llamaba» y no «se llama»–. Tenía 32 años cuando la arrasaron el miedo y el poder. El año pasado, el periodista Sergio Pascual rememoraba el caso para *La Marea* y entrevistaba a Encarni Iglesias, presidenta de la Asociación Stop Violencia Digital, quien refirió que la violencia digital sigue sin verse como un delito y, para más inri, «la justicia no ha avanzado y el daño es irreparable».

En el caso de Verónica Rubio, la ley no condenó a nadie.

El estigma, sí.

A Verónica Rubio.

Vulva es un llanto y una denuncia contra el miedo y el poder, contra la condena del placer y la libertad, y también es una dramaturgia valiente que pide justicia. Y no hablo de la justicia de las leyes, sino de una más elevada, la justicia de la vida.

Como lectores y espectadores, *Vulva* nos pide un examen de conciencia contra la violencia de género, en general, y contra la violencia de género viral, en concreto. ¿Nos atrevemos?

Deberíamos atrevernos, porque no hablamos de casos aislados. Lucía es Verónica Rubio, pero también muchísimas otras mujeres oprimidas por el miedo y el poder. Antes, ahora mismo, ¡aquí y ahora!, y después. Oprimidas por unos cabrones que nos habitan a todos: el miedo y el poder. Y esos cabrones no cesarán hasta que los reconozcamos y los paremos.

Por suerte, mientras existan oprimidos, existirán textos valientes como *Vulva*, existirán autores valientes como Irene.

Parafraseando al artista alemán Gerhard Richter: el arte es la forma más elevada de esperanza.

A Roberto,
porque nos dejaste a oscuras sin tu lucidez
y no me ha quedado más remedio que escribir en busca de sentido.

A Verónica, Amanda, Tiziana
y a todas aquellas que sintieron una culpa
que no era suya.

DRAMATIS PERSONAE

LUCÍA

NARRADOR 1

NARRADOR 2

NARRADOR 3

NARRADOR 4

ANTONIO, tutor de primero (Narrador 1)

BELÉN, maestra de Educación Física (Narrador 2)

PADRES Y MADRES DE WHATSAPP (Narradores)

ROMU, conserje (Narrador 3)

ADELA, maestra interina de Música (Narrador 4)

OLGA, madre de Lucía (Lucía)

CARMEN, amiga de la madre de Lucía (Narrador 2)

MANU, maestro de inglés (Narrador 1)

GABRIEL, director del colegio (Narrador 3)

JOSÉ, padre de Víctor (Narrador 1)

MAITE, madre de Inés (Narrador 4)

RUBÉN, marido de Lucía (Narrador 3)

FLORA, señora de la limpieza (Narrador 2)

JULIA, hermana de Lucía (Narrador 4)

PRÓLOGO

Estamos en un aula. Una mesa en el centro con varias sillas de espaldas al público. Lucía está suspendida en el aire. Mira hacia abajo de tal forma que el pelo le cubre la cara e impide ver su rostro. De fondo suena música circense y voces de gente de fiesta, como si se escucharan a través de una pared. La misma canción que sonará al final de la obra.

ACTO I

LUNES

1. *Guardia de recreo*

Antonio y Belén están en la sala de profesores. Belén da vueltas a un café con la cucharilla de forma insistente. Antonio se come un plátano. Están nerviosos y se nota. Miran al patio por la ventana. Desde proscenio hacia el patio de butacas.

ANTONIO: Qué fuerte.

BELÉN: Mucho.

ANTONIO: Cuanto más lo pienso, más fuerte me parece.

Belén no responde.

ANTONIO: ¿Sabes si ya…?

BELÉN: Diría que no…

ANTONIO: Ya, yo también creo que aún no.

BELÉN: Pero vaya, en… ¿Qué hora es?

ANTONIO: Quedan dos minutos. En cuanto salga…

BELÉN: ¿Tú crees?

ANTONIO: Es inevitable.

BELÉN: Ya.

ANTONIO: Y mejor.

BELÉN: Sí, sí, mejor. Que lo sepa cuanto antes.

Antonio guarda silencio.

BELÉN: Bueno, no sé.

ANTONIO: ¿Tú preferirías no…?

BELÉN: No, no, no digo eso tampoco. Pero es que…

ANTONIO: Ya, es que ahora ¿qué?

BELÉN: Uf, no es fácil.

ANTONIO: No, fácil no es, pero bueno.

Belén no responde.

ANTONIO: Será cuestión de tiempo.

BELÉN: Sí, cuestión de tiempo.

ANTONIO: Todo lo cura.

BELÉN: Todavía parece que acabamos de volver de Navidad.

ANTONIO: Yo digo que para… abril. ¿Cuándo cae Semana Santa? En Semana Santa ya nadie se acordará.

BELÉN: Cuestión de tiempo.

ANTONIO: Quiero decir, no me parece que tampoco…

BELÉN: Ya, ya, pero…

ANTONIO: ¿Tú qué harías?

BELÉN: Hombre, es que yo...

ANTONIO: Ya, bueno, pero imagínate que…

BELÉN: Que no, Antonio, que no.

ANTONIO: Bueno, mujer.

BELÉN: Será cuestión de tiempo.

ANTONIO: Días.

BELÉN: Semanas.

ANTONIO: Pocos días.

BELÉN: Pocos.

Suena la sirena que marca el comienzo del recreo.

ANTONIO: Ay, somos sus amigos… Vamos a decírselo.

BELÉN: Ah, no. Yo me quedo aquí. Hace un frío fuera…

ANTONIO: Mira, ya están todos los críos saliendo.

BELÉN: ¿Tú crees que ellos lo saben?

ANTONIO: Ella no. Nos habría dicho algo…

BELÉN: ¿Quién crees que ha sido?

ANTONIO: ¿Quién lo ha publicado?

BELÉN: No la veo.

ANTONIO: ¡Uy!, estaba ahí, en la puerta del pabellón.

BELÉN: Ah, ya la veo. Allí, donde la fuente. Mira su cara. Yo creo que no lo sabe.

Belén se ha terminado el café y se acerca a una papelera a tirar el vasito de plástico. Antonio continúa mirando por la ventana analizando la expresión de Lucía con detalle. Belén encuentra un folio en el suelo. Lo coge. Es una foto pixelada de Lucía desnuda con la mano sobre la vulva. Sobre la imagen se puede leer «Déjame mirar, creo que no tengo suelto».

BELÉN: Ay, por Dios…

ANTONIO: ¿Qué pasa?

BELÉN: Algún gracioso… o algún salido.

ANTONIO: O alguna.

BELÉN: Pues mira, no creo que sea una mujer.

ANTONIO: ¿Y eso por qué?

BELÉN: Pues porque no, Antonio, porque no. Porque vosotros tenéis una visión del sexo que…

ANTONIO: ¿Me estás diciendo que las mujeres no piensan en sexo?

BELÉN: Sí, a ver… Pero no haríamos una «broma» de este mal gusto.

ANTONIO: Pues perdóname, Belén, pero yo no estoy de acuerdo.

BELÉN: Pobre Lucía.

ANTONIO: Es una broma.

BELÉN: ¿Qué pasa? ¿Lo has hecho tú?

ANTONIO: No, claro que no lo he hecho yo. Lucía es mi amiga y también me parece que es de muy mal gusto, iba a decir.

BELÉN: Es que de verdad. Que no pasa nada, pero quién le manda. ¿Sabes lo que te digo? Que si no quieres que pase esto, pues no lo vayas mandando por ahí. ¿Habrá más copias?

Silencio.

ANTONIO: A lo mejor en el tablón de anuncios del hall.

BELÉN: O en los de las aulas…

ANTONIO: Pobre Lucía.

BELÉN: Vamos a mirar.

ANTONIO: Mira, mira, mira, se lo está diciendo Mónica. Qué maja. Mira. Seguro. Se lo ha dicho.

2. *Grupo de WhatsApp de 5ºA*

NARRADOR 3: Es lunes, 17 de febrero. Hace 5 minutos que ha sonado la sirena que marca el comienzo del recreo y ellos son «Papis y mamis de 5ºA».

NARRADOR 3: Papá de Víctor.

NARRADOR 1: Pero ¿qué es eso?

NARRADOR 3: Mamá de Noé.

NARRADOR 2: Este grupo es para hablar de lo que pasa en clase. Por favor, vamos a respetar eso y no mandar guarradas machistas.

NARRADOR 3: Mamá de Joaquín.

NARRADOR 4: ¿Alguien sabe de qué se tienen que disfrazar este año?

NARRADOR 3: Papá de Laura.

NARRADOR 1: ¿No habéis visto el vídeo? Mono que se tapa los ojos.

NARRADOR 3: Mamá de Noé.

NARRADOR 2 *(Al narrador):* Noé no, N-o-e, de Noelia.

NARRADOR 3: ¡Ah! Perdona. Mamá de N-O-E.

NARRADOR 2: Sí, y no me parece que este sea el lugar para compartir vídeos de ese tipo.

NARRADOR 3: Mamá de Noe, otra vez.

NARRADOR 2: Este año el tema del Carnaval es «El mundo animal», Marisa. Los de 5º van de animales de la selva.

NARRADOR 3: Papá de Lucas.

NARRADOR 4: La del vídeo es Lucía Ferrer, ¡la tutora de los críos!

NARRADOR 3: Mamá de Noe.

NARRADOR 2: ¿Luci? Carita sorprendida.

NARRADOR 3: Papá de Víctor.

NARRADOR 1: No me lo puedo creer. Punto.

NARRADOR 3: Papá de Laura.

NARRADOR 1: La verdad es que con tanto trajín no te quedas con la cara. Ja, ja, ja, ja.

NARRADOR 3: Mamá de Noe.

NARRADOR 2: Por favor, no hagamos bromas con esto.

NARRADOR 3: Mamá de Joaquín.

NARRADOR 4: ¿Y para cuándo tienen que tener el disfraz? ¿Alguien ha encontrado una chaqueta azul?

NARRADOR 3: Papá de Luis.

NARRADOR 4: Me acabo de conectar, estoy flipando. Habría que hablar con el colegio.

NARRADOR 3: Mamá de Viviana.

NARRADOR 1: ¿Con el colegio por qué?

NARRADOR 3: Papá de Luis.

NARRADOR 4: Hombre, no me parece que esta mujer, que va mandando vídeos como Dios la trajo al mundo, les dé clase a nuestros hijos.

NARRADOR 3: Mamá de Noe.

NARRADOR 2: A ver, calma, solo se está masturbando…

NARRADOR 3: Papá de Víctor.

NARRADOR 1: Yo no estoy de acuerdo. No solo es eso. Se ha grabado un vídeo y lo ha publicado.

NARRADOR 3: Mamá de Noe.

NARRADOR 2: Bueno, no sabemos si lo ha publicado ella.

NARRADOR 3: Papá de Luis.

NARRADOR 4: Me da igual quién lo haya publicado, pero no me parece que una persona así sea un buen ejemplo para mi hijo.

NARRADOR: Abuela de Pedro.

NARRADOR 4: A mi Lucía me parece una moza encantadora. Mi Pedrico va a clase más contento que nunca.

NARRADOR 3: Mamá de Noe.

NARRADOR 2: Sobre todo hay que evitar que los niños vean el vídeo.

NARRADOR 3: Papá de Víctor.

NARRADOR 1: Hombre, yo controlo perfectamente lo que ve mi hijo y lo que no. Aunque no todo el mundo puede decir lo mismo.

NARRADOR 3: Mamá de Noe.

NARRADOR 2: ¿Qué quieres decir?

NARRADOR 3: Papá de Víctor.

NARRADOR 1: Nada, nada, pero si tanto te das por aludida…

NARRADOR 3: Mamá de Noe.

NARRADOR 2: ¿Me vas a decir cómo educar a mi hija? Interrogante, interrogante.

NARRADOR 3: Papá de Víctor.

NARRADOR 1: Bueno, tú te llevas muy bien con Lucía, tanto que la defiendes.

NARRADOR 3: Papá de /

NARRADOR 2: ¡Mamá de Noe! No, no me llevo bien con ella, pero la conozco porque es la tutora de mi hija, cosa que tú no haces porque no apareces por el colegio ni en la función de fin de curso.

Narrador 3 abre la boca para hablar y Narrador 1 lo para.

NARRADOR 1: Papá de Víctor: En ma-yús-cu-las. ¿Me estás diciendo que soy un mal padre?

NARRADOR 2: Mamá de… Mira, paso. A mí no me grites. ¡Y sí! Eso mismo te estoy diciendo. Que ni siquiera te sabes el nombre de los profesores de tu hijo.

NARRADOR 1: ¡Para saberme el nombre de esa guarr /

NARRADOR 3: ¡PAPÁ DE LUIS!

NARRADOR 4: Vamos chicos, tranquilidad. Símbolo de la paz.

NARRADOR 3: Mamá de Viviana.

NARRADOR 1: Yo creo que nos estamos desviando del debate.

NARRADOR 3: Abuela de Pedro.

NARRADOR 4: Los amigos son como una T: Te llaman, te cuidan, te escuchan, te perdonan, te protegen, te ayudan y sobre todo: TE QUIEREN. Carita con corazones. Manda este mensaje a las personas que son de verdad tus amigos en el día de la amistad. Carita con abrazo. ESPERO EL MÍO. Carita con abrazo.

NARRADOR 3: Mamá de Viviana.

NARRADOR 1: La cuestión es ¿qué hacemos con Lucía?

NARRADOR 3: Mamá de Inés.

NARRADOR 1: Marisa, la gala es este viernes. Se puede hacer el disfraz en casa o ir mañana y pasado a última hora para hacer los disfraces en clase con los niños. Mandó un email el jefe de estudios.

NARRADOR 3: Mamá de Noe.

NARRADOR 2: Si cada uno se ocupa de que no llegue a sus hijos, no habrá problema.

3. Lucía se vuelve viral

Entra Lucía. Camina muy despacio. Saca el móvil y reproduce un vídeo en el que ella aparece masturbándose. Un vídeo que se ha hecho viral entre sus compañeros. Se escurre por la pared hasta quedar sentada en el suelo. Se escucha el sonido del vídeo en el silencio de un pasillo solitario. Comienzan a escucharse notificaciones de WhatsApp, se van transformando en vibraciones de llamadas entrantes. Se ve proyectada a Lucía como si la estuviera grabando la cámara interna del móvil. Las vibraciones suenan cada vez más seguidas hasta ser una única vibración con un ritmo concreto, comienzan a escucharse gemidos, van subiendo de volumen. Se proyectan vídeos de las personas que están recibiendo el vídeo. Los gemidos que se van deformando y escuchando a cámara lenta. Lucía no puede más, grita y los sonidos se cortan de golpe. Suena un mensaje de voz de su marido:

RUBÉN *(En off):* Hola, cariño, ¿qué tal va el día? ¿Ya estás hasta el gorro del carnaval y de los padres? Mucho ánimo. Iba a sacar la lubina para cenar, pero se me ha antojado hamburguesa y he dejado descongelando un paquetillo de esos de cuatro, ¿vale? Un beso, te quiero.

Lucía se pone de pie, coge aire. Mientras camina y cruza el escenario van desapareciendo los vídeos que se han convertido en una cuadrícula muy numerosa. Sale de escena.

4. Hay que hablar de estos temas

Romu, el conserje y Adela, la profesora de música, hablan en la garita del conserje. Romu está haciendo fotocopias para Adela.

ROMU: *Pa* ella, *pa* los familiares, *pa* las vecinas… ¡Les regaló a todas!

ADELA: ¿Y dónde dices que ha pasado?

ROMU: Callosa de Segura, ¿Cuántos tendrás *pal* el examen? ¿Te hago veinticinco copias?

ADELA: Hazme veintiséis, que así me quedo una. ¿Y eso dónde está?

ROMU: Se ve que por Alicante.

ADELA: Qué *heavy*.

ROMU: Ya ves. Y el lío que *sa montao*. ¿Te los grapo?

ADELA: Y lo de regalárselo a las vecinas como... Ni que fuera Robin Hood que /

ROMU: ¿Verdad? Bueno, bueno, no sabes. Se ve que además de risas nada.

ADELA: Hombre, que una buena señora robe cuarenta vibradores y los reparta por el barrio suena a coña.

ROMU: Vibradores no, que se ve que eran succionadores de... de esto... (*Susurrando*) de la pepitilla, ¿sabes lo que te digo?

ADELA: ¡Ah! ¡El Satisfyer!

ROMU: ¡Eso! A Gloria le ha traído el Papá Noel uno esta Navidad. La cosa es que esta mujer, la ladrona, debía tener esquizofrenia o qué sé yo.

Suena la sirena del recreo.

ADELA: Ay, me tengo que ir que me toca guardia con los peques ahora.

ROMU: Ya tienes esto casi. Total, que ella se encontró todo ahí y regaló una parte y otra la vendió. Si es que tanto juguete y tanta hostia ya no vamos a hacer falta *pa na.* Tú verás que el otro día escuché en la SER que decía una que era lo mejor que había sentido nunca. ¡Lo mejor! ¿Y *pa* qué vamos a servir nosotros eh? ¿*Pa* qué?

ADELA: Bueno, hombre, que /

ROMU: Ni hombre ni nada, Adela, que no puede ser, que se pierde lo romántico. Que yo entiendo que se ha hecho poco caso siempre a… eso y a mí me parece *mu* bien que se hable de la pepitilla, de la *mestruación* y de todo ¿eh? Pero que una cosa es esa y otra que con las máquinas ya no nos vamos a hacer falta unos a otros. ¿Sabes lo que te quiero decir?

ADELA: Yo creo que no es lo mismo.

ROMU: No, pero sí, Adela, no, pero sí. Si es que no lo digo yo tampoco que /

Lucía pasa caminando muy despacio. Entra del patio. Parece perdida. Romu y Adela guardan silencio mientras ella pasa a su lado. Se sienta en un banco con la mirada fija en su móvil apagado.

ADELA: ¿Es ella?

Romu asiente con la cabeza de forma evidente.

ADELA: Qué me dices… Pues nadie diría que /

ROMU: ¿Que iba a ser de las que se graban vídeos en… en actitud… ín-ti-ma?

ADELA: ¿Y está bien de…? *(Se toca la cabeza con el dedo índice discretamente).*

ROMU: Pues chica, ya no sé qué decirte. Yo la conozco desde que era así. Vino a este colegio ya de alumna cuando era cría, pero claro. Las cabezas de cada quien... son un misterio.

ADELA: A mí me lo han contado esta mañana las de Jesuitas en el café. Lo que pasa es que yo no le ponía cara...

ROMU: ¿Tú lo has visto?

ADELA: No, yo no. ¿Y tú?

ROMU: Bueno, hombre, por saber. Mi trabajo es que todo esté en orden. No podía hacer otra cosa, pero ya te aviso que no fue agradable. Fue una vez *na* más. *No ostante*, lo que a mí me preocupa es que les llegue a los niños...

Lucía se acerca a ellos. Ellos no la ven.

ADELA: Hombre, es que es verdad que no son cosas que haya que ir compartiendo por ahí.

ROMU: No es de hombres hacer viral un vídeo así. Pero los hombres, y yo soy hombre, no somos capaces de ver un vídeo así y no enseñarlo.

NARRADOR 1: La cabeza de Lucía va a mil por hora. Por qué ha tenido que pasar. Cómo ha podido pasar.

NARRADOR 4: Los niños de primero comen el almuerzo en el patio; las niñas de 4º hacen pulseras; el conserje, como siempre, cotillea con cualquiera que se ponga a tiro. Todo parece igual.

NARRADOR 2: Y, sin embargo, todos son culpables. Todos tienen en su bolsillo un motivo para reírse de ella, para juzgarla, para humillarla.

NARRADOR 3: Por su cabeza no paran de pasar imágenes. Su madre, su padre, sus hijos, su marido…

NARRADOR 2: Y un nombre. Su nombre. El nombre del culpable. El responsable de este acto perverso, de esta traición. Menudo lunes de mierda.

ADELA: ¿Y sale con alguien en el vídeo?

LUCÍA: Pues no, Adela, salgo sola. Gracias por preocuparte. De hecho, me pasó una cosa curiosa. Nunca había pensado en cómo se masturba la gente, ¿no? Las chicas, las mujeres. ¿Se meten los dedos en la vagina? ¿Se dedican más bien al clítoris? Hay tantas opciones… Me encantaría saber cómo lo haces tú. *(A Adela).* El caso es que al final hice una mezcla entre lo que había visto en los vídeos porno y lo que a mí me gusta de verdad. Lo que me gusta a mí es como poco cinematográfico, poco espectacular. Habrás visto, Romu, que ese gemido del final, bueno, es un poco forzado, no fingido, ¡ojo! Pero claro, yo de normal no soy muy escandalosa y lo sentía como soso. A ti, si no lo has visto, te lo enseño cuando quieras, Adela. Y, por supuesto, si queréis saber cualquier otra cosa sobre el vídeo, estaré encantada de resolverla, no querría que os quedarais con la intriga y que eso os impida tener un sueño reparador.

NARRADOR 1: Pero no dice eso claro, ojalá se atreviera a decir eso. Ojalá supiera que Adela les ha puesto los cuernos a todas sus parejas desde que tiene quince años y que Romu, al que a partir de ahora llamaremos Romualdo, a sus sesenta y cuatro años solo ha mantenido relaciones sexuales a través de Internet con una tal Diablesa69, que resultó ser un señor de Murcia. Romualdo pasa las noches del sábado viendo pornografía en un canal búlgaro rarísimo que se le sintoniza desde que llegó la TDT. Qué tendrá el acento búlgaro que lo vuelve loco, se pregunta Romualdo cada sábado mientras se prepara para el ritual semanal.

NARRADOR 2: Pero Lucía no sabe nada de eso y como no lo sabe siente que ella tiene la culpa de todo. Siente que ella es la única que comete errores. Siente que está sola, que tal vez esté enferma. Siente que todos piensan que es una puta. Hace tanto de aquello que nada tiene sentido. Y, aun así, no tendría que haberse grabado, no tendría que haberse masturbado con él, para él.

NARRADOR 1: No tendría que haberlo hecho y punto. Por eso, lo que dice es.

LUCÍA: ¡Ey! Chicos, oye Romu, perdona, al final no voy a necesitar las fotocopias.

ROMU: Vale, mi niña, tranquila, aún no las había hecho. ¡Unos árboles menos que talamos hoy!

LUCÍA: ¿Habéis visto a Manu?

ROMU: Andaba por ahí.

LUCÍA: Gracias. Hasta luego.

ROMU: ¡Que tengas buen día!

Lucía se aleja dándoles la espalda con lágrimas en los ojos.

ADELA: Uy, pues si parece supernormal.

NARRADOR 1: Parece-súper-normal. Claro que parece normal. Lucía lleva toda una vida esforzándose para ser y parecer normal. Para entender por qué tendríamos que ir al 7 de junio de 1990.

5. *La niña se toca*

NARRADOR 1: Seguimos en el colegio. La Audiencia Provincial de Murcia acaba de negar la separación a una esposa maltrada. En Detroit, un médico inventa un aparato para suicidarse y ayuda a una enferma de Alzhéimer a utilizarlo. Aquí, en Madrid, Lucía tiene tres años y está en la guardería. Su hermana Julia, de cinco años, acaba de empezar el cole. Un grupo de mamis ha organizado unas clases de aerobic para ponerse en forma antes de recoger *a los peques.* Estamos en el colegio. Está empezando la clase de Claudio. Ella es la madre de Lucía, la interpreta Lucía porque siempre ha dicho todo el mundo que eran como dos gotas de agua.

NARRADOR 3: Son como dos gotas de agua.

NARRADOR 1: Hace dos semanas que no viene a clase y un año y medio que no tiene relaciones sexuales. Con nadie.

Suena Hot Stuff *de Donna Summer. Lucía interpreta a Olga. Carmen entra con una bolsa de deporte.*

OLGA: ¡Carmen! ¡Aquí! Vente que cabes.

CARMEN: Ay, gracias, chica. Siempre corriendo.

OLGA: ¿Qué te ha pasado? Ya pensaba que no venías hoy.

CARMEN: Nada, el niño, que no le daba la gana de ir al colegio hoy.

CLAUDIO: ¡Ahora vamos para la derecha!

OLGA: Es la edad, ¿no?

CARMEN: Yo creo que es por Juan. Con lo de la clínica no pone un pie en casa.

OLGA: Vaya… ¿mucho trabajo?

CLAUDIO: ¡Metemos brazos!

CARMEN: Uy, ¿habéis empezado con una nueva coreografía?

OLGA: No sé, para mí son todas iguales, esto de los brazos yo no…

CLAUDIO: ¡Chicas, por favor!

Carmen se ríe.

CARMEN: Un, dos, tres, cuatro. Al otro lado. Un, dos, tres, cuatro. Ay, ¡cómo me gusta esta canción!

Olga va a la esquina de la clase y bebe agua.

OLGA: ¡Carmen! ¡Scht! ¡Carmen! ¡Ven!

CARMEN: ¿Qué pasa?

Las dos mueven los hombros siguiendo el movimiento de la coreografía.

OLGA: Mañana celebramos el cumpleaños de Mariano.

CARMEN: ¡Uy, es verdad! ¡Los cuarenta! ¿Haréis algún plan especial?

OLGA: Se vendrán a comer mi suegra y la hermana de Mariano con los niños y el marido. Diez estaremos.

CARMEN: Ah, muy bien, ¿y te caben todos en casa?

OLGA: Bueno, metemos la mesa de la terraza y nos apretamos. No queda otra.

CARMEN: Muy bien.

OLGA: Oye, ¿tú crees que podría acercarme esta tarde a ver a Juan?

CARMEN: Uy, esta tarde imposible, tiene la agenda hasta arriba.

OLGA: Vaya por Dios… Si serían cinco minutos. Es por la niña que /

CARMEN: ¿Lucía? ¿Qué le pasa?

OLGA: No, es Julia, que… bueno, que quería preguntarle una cosa.

CARMEN: Bueno, mujer, pues esta noche llamas a casa y hablas con él, ¿no?

OLGA: Es que preferiría no hablarlo por teléfono.

CARMEN: ¿Qué tiene pues?

OLGA: A ver cómo te lo digo, Carmen…

CARMEN: ¿Me estás diciendo que has traído a la niña al cole estando malísima?

OLGA: No está malísima.

CARMEN: Olga, mujer. Que hay confianza.

OLGA: La niña se toca.

CARMEN: ¿Cómo?

OLGA: Sí, que la niña se toca ahí abajo.

CLAUDIO: ¡Las del fondo! ¡Por favor!

CARMEN: ¿Ahí abajo?

OLGA: ¡Ahí! ¡Todo el rato! En el *culete*, el de delante. Lleva tres días que, en cuanto le pongo los dibujos, se pone ahí manos a la obra… La llevo todo el día con peto, para que no llegue, ¿sabes? Yo le digo: «No, mal, ahí no se toca». Pero, claro, ni caso que me hace y mañana ahí con la suegra y los primos. Pues tú me dirás.

CARMEN: Madre mía, Olga. Mira, no te preocupes. Ahora mismo en cuanto salgamos de clase lo llamamos y te cuelas un momento y le preguntas. Porque eso NO ES NORMAL.

OLGA: Si es que yo lo que no sé es si esto es de pediatra o de psicólogo. Estoy desesperada ya.

CARMEN: Bueno, Juan seguro que te sabe decir.

OLGA: ¿Y esto tus niños...? ¿Dani y Martita no lo han hecho nunca?

CARMEN: Nunca.

NARRADOR 2: Una semana después Carmen pilló a su hijo Dani, con 11 años, tocándole *la colita* a su amigo Raúl mientras veían los *Power Rangers* y lo castigó una semana sin ver la tele. Por si acaso. Martita, la pequeña, hoy es profesora de *bondage* especializada en *Shibari*, una técnica japonesa para atar que tiene en cuenta el efecto energético de los nudos sobre el cuerpo según la medicina oriental. Generalmente emplea cuerdas de fibras naturales.

CARMEN: Nunca, mi Dani y mi Martita nunca harían eso.

OLGA: Ya, no, normal. Es que esto... es rarísimo. No es normal. Con lo tranquilita que es Julia. Y menudo ejemplo para Lucía...

CARMEN: Si, a ver qué puede hacer... ¡Uy! ¿Has visto la Merche cómo se llega al pie sin doblar las rodillas?

OLGA: ¡Qué barbaridad!

NARRADOR 1: Lucía nunca fue testigo de esta conversación, pero siempre supo que había algo entre las piernas que no era bueno.

NARRADOR 3: Había algo entre las piernas que no había que tocar.

NARRADOR 1: Había algo que no era normal.

NARRADOR 3: Siempre lo supo, pero claro.

6. *Sexting y un par de nudes*

Lucía, Manu, Narrador 2 y Narrador 4 están en el comedor del colegio. Lucía y Manu hablan a través de un chat. Cuando los narradores hablan, Lucía y Manu comen con aburrimiento sin mirarse. Cuando Lucía y Manu hablan, los narradores comen con aburrimiento sin mirarse. En realidad, Lucía y Manu solamente moverán los labios, su texto está pregrabado.

NARRADOR 3: Estamos en 2017. Hoy es 9 de abril.

NARRADOR 4: Hace dos meses que Rubén, el marido de Lucía, decidió irse de casa. Las cosas no estaban bien y, después de unas semanas, Lucía ha empezado a quedan con Manu, el profesor de inglés del colegio.

LUCÍA: Qué guapo estás con la bata. Carita picarona.

MANU: Humm... ¿Te gusta?

LUCÍA: Me encanta imaginarme que no llevas nada debajo.

MANU: Cuando quieras te lo enseño.

Pausa.

MANU: Te echo de menos.

LUCÍA: Si nos hemos visto esta mañana.

MANU: Ya, pero en plan profe de inglés-tutora de quinto.

LUCÍA: ¿Y no es lo que somos?

MANU: Sí, pero echo de menos verte en plan… amantes.

LUCÍA: Ja, ja, ja. Yo también te echo de menos «en ese plan».

NARRADOR 2: Lucía no miente. Desde que empezó a quedar con Manu está disfrutando del mejor sexo de su vida. Manu es algo más joven que ella, apasionado y MUY creativo.

MANU: ¿Cuándo nos podemos ver?

LUCÍA: Esta semana mis padres no se pueden quedar con Marcos.

MANU: ¿Y su padre?

LUCÍA: Ay, Manu. Ya te lo he explicado. Está en casa de un amigo y no quiero que Marcos duerma en un sofá.

MANU: Lo sé, perdona. Es que me gustas mucho.

LUCÍA: Ya lo hemos hablado.

MANU: ¿Y qué puedo hacer si tengo ganas de verte todo el rato?

LUCÍA: Yo también tengo ganas de verte todo el rato.

NARRADOR 4: Esto sí es un poco mentira. A ver, Lucía tiene ganas de ver a Manu. A veces. Otras veces prefiere quedarse en casa viendo cómo su hijo coloca sus peluches por tamaños en el sofá o pintando *mandalas.*

NARRADOR 2: Hoy, por ejemplo, tiene ganas de verlo, pero tiene más ganas de quedarse en casa viendo CSI. Le gusta pensar que tiene algo en común con el teniente Horatio. Serán cosas de pelirrojos. Pero claro, eso no se lo dice a Manu. Lo que le dirá esta noche es:

LUCÍA: Yo también tengo ganas de verte todo el rato.

MANU: Esperaré, soy un chico fuerte. Carita con la lengua fuera.

LUCÍA: Gracias. Carita feliz.

MANU: Bueno, aunque no nos veamos puedes contarme eso que haríamos si yo fuese con la bata de clase sin nada debajo.

LUCÍA: ¿Sabes en qué estoy pensando?

MANU: No, pero estoy deseando saberlo…

LUCÍA: Me encantaría que bajaras ahí… Y me recorrieras con la lengua…

MANU: ¿Ahí? ¿Dónde?

LUCÍA: Ya sabes dónde...

MANU: No, no tengo ni idea.

LUCÍA: ¿Me vas a obligar a decir la palabra?

MANU: Ja, ja, ja. Claro que no. Era una broma

LUCÍA: ¡Me encantaría que me comieras el coño! ¿Contento? Carita con la lengua fuera.

MANU: Muy contento.

LUCÍA: Eres idiota, pero, aun así, tengo un regalito para ti.

LUCÍA: Enviando vídeo.

Entran tres WhatsApp y los tres personajes miran a Lucía. Suena la sirena.

7. *Me dijiste que me querías*

Manu está en un aula hablando por el móvil y organizando un mural con palabras en inglés de muchos colores. Lucía se queda congelada en la puerta del aula.

NARRADOR 3: Han cambiado mucho las cosas desde entonces. Ahora es Lucía la que lo busca. Lucía acaba de enterarse de que todo el colegio ha recibido por WhatsApp un vídeo privado. Un vídeo en el que ella aparece desnuda masturbándose. Un vídeo que termina con un primer plano de su vagina /

NARRADOR 2: Vulva.

NARRADOR 3: ¿Cómo?

NARRADOR 2: Vulva. Se dice vulva. El vídeo de Lucía termina con un plano cerrado de su vulva.

Pausa. Narrador 2, como una azafata de televisión, va señalando las partes que describe sobre el cuerpo de Lucía. Una enorme vulva de neón se ilumina en el fondo del escenario y va señalando cada parte.

NARRADOR 2: También aparecen los labios externos y los labios internos, aunque aparecen bastante pixelados. La uretra, con la cámara frontal de 5 megapíxeles de su Motorola Moto 5, evidentemente no se distingue.

NARRADOR 3: Habría sido mejor grabarlo con la cámara exterior. 13 megapíxeles con enfoque automático.

NARRADOR 2: Se adivina también el comienzo de la vagina. El clítoris está casi todo el tiempo tapado por sus dedos. El índice y el corazón.

Se reanuda la marcha. Los narradores miran a Lucía y Manu. Lucía y Manu se miran…

MANU: *(Al teléfono)* Pues, no, Raúl Santos también dice que no ha sido él. Joder, la he cagado, pero bien...

LUCÍA: ¿Qué coño has hecho?

MANU: *(Al teléfono)* Te llamo luego tío, gracias. *(A Lucía)* Te prometo, te juro que yo no he sido.

LUCÍA: ¿Y qué ha pasado? Dime que ha sido un hacker. ¿Te han robado el móvil?

MANU: A ver, sí fui yo… Pero no ahora… Yo no quería que pasara esto.

Lucía coge la cartulina que tiene en las manos y la rompe.

LUCÍA: ¿De qué coño me estás hablando?

MANU: Fue hace tres años, estábamos tan bien y me dejaste así… Volviste con Rubén, a los pocos meses volvías a estar embarazada y yo no… eh… no /

LUCÍA: ¿No qué? ¿Eh? ¿No qué? ¿No qué? ¿No sabes hablar ahora?

MANU: Joder, perdón, lo siento, si es que fue...

LUCÍA: ¿Cómo se te ocurre?

MANU: Lo pasé por el grupo de profes, los que íbamos a jugar al fútbol. Son de confianza.

LUCÍA: ¿Por un grupo? ¿Pero tú sabes lo que es la privacidad? ¿La intimidad? ¡La del vídeo era yo! ¡Soy yo! ¡Es mi cuerpo!

MANU: Ya te he dicho que lo siento. ¿Qué hago?

LUCÍA: ¡Páralo! Quiero que lo pares ahora mismo. Todavía hay tiempo.

MANU: Yo no /

LUCÍA: No tienes vergüenza.

Manu no contesta.

LUCÍA: Eres un niñato... Eres un cabrón. Querías acabar conmigo...

Manu no contesta.

LUCÍA: ¿Y sabes por lo menos quién ha sido?

MANU: No lo sé...

LUCÍA: Eres un hijo de puta. Dios, ¡estás loco! Me has jodido la vida. ¡Tengo dos hijos, Manu! ¡Joder! ¡Dos! ¡Y Marcos viene al colegio! Que te cruzas con él por los pasillos... Y Cloe... Tendremos que irnos del colegio, del barrio. Todo el mundo lo ha visto, les harán la vida imposible... y Rubén... ¡Mis padres! ¿Qué voy a hacer? Tengo una familia... ¿Sabes lo que es una familia?

MANU: Sí, lo sé.

LUCÍA: Pues parece que no lo sepas. ¿Qué se supone que tengo que hacer ahora?

MANU: No sé qué decir.

LUCÍA: Yo tampoco.

Manu niega con la cabeza.

MANU: Lucía, por favor... Perdóname... Yo...

LUCÍA: No me toques.

MANU: Me dijiste que me querías y luego…

Manu se acerca a ella. Ella da un paso hacia atrás.

LUCÍA: Suéltame.

MANU: Por favor.

Lucía no contesta.

Manu se acerca a ella para tocarle el brazo. Ella aparta el brazo y se da un golpe con la silla. Se hace daño en el codo. Le entran ganas de llorar. Se le cae el bolso al suelo.

LUCÍA: ¡Que no lo toques, joder!

Lucía se gira para que Manu no le vea la cara. Y aprovecha para irse hacia la puerta.

MANU: ¿Adónde vas?

LUCÍA: A mi puta casa.

NARRADOR 2: Manu la observa alejarse y le viene un recuerdo a la cabeza. Muy vívido.

NARRADOR 3: Un recuerdo que lo aleja de esa aula y de ese momento.

NARRADOR 4: Lucía ya no se acuerda, Lucía hace mucho que no piensa en ello y menos ahora. Y mucho menos hoy.

NARRADOR 3: Estamos en 2017, Manu no recuerda el día exacto, pero era primavera.

Suena una música romántica de más.

NARRADOR 2: O al menos él lo recuerda así.

NARRADOR 4: Por la ventana abierta entra el olor de un árbol en plena floración que huele como a semen. Manu vive en una urbanización a las afueras de una ciudad dormitorio, allí también hay varios árboles como ese.

NARRADOR 2: Lucía y Manu han quedado para pasar la tarde en un hotel.

NARRADOR 3: Un hotel del centro, lejos de sus casas. Lucía todavía no está segura de su separación y no quiere que la vean con nadie. Por el niño, dice.

NARRADOR 4: Están en la tercera planta. La habitación es amplia y despejada, pero la moqueta desgastada le da a todo un toque viejo y cutre. Lucía, a medio vestir, está asomada a la ventana. Manu, tumbado en la cama, observa con detalle todos los gestos de ella. No se lo puede creer. Recorre con la mirada su cuello, sus hombros, sus manos. Esas manos con las que lleva soñando desde que le dieron la plaza en el colegio.

NARRADOR 3: Los últimos rayos del sol tiñen su piel con reflejos anaranjados. La hora bruja, recuerda Manu.

NARRADOR 2: Los dedos alargados de Lucía arrastran las cortinas opacas de la habitación y dejan a Manu en penumbra. Ella suspira y Manu puede ver cómo el aire recorre todo su cuerpo relajando cada músculo, o al menos eso escribiría días después en su blog *Un artista cuentista.*

NARRADOR 4: Lucía se acerca a la cama y se tumba al lado de él sobre las sábanas de color beige, sobre las que hace poco menos de media hora hacían el amor, diría él, follaban, diría ella. Lucía se tumba al lado de Manu y le da un beso. Cualquiera diría que parecen dos jóvenes enamorados sin preocupaciones.

NARRADOR 2: Sí, eso parecen. Manu piensa que nunca volverá a ser tan feliz como en ese momento. Y tiene razón.

Un encapuchado cruza el escenario y con un spray/tiza escribe en el fondo de la sala «ZORRA».

ACTO II

MARTES

8. *Estoy aquí para ayudarte*

Lucía está en el despacho del director del colegio, Gabriel. Narrador 1 observa la escena.

GABRIEL: ¿Pero te han hecho algo?

LUCÍA: Señalarme. Hacían bromas sobre si estaba mejor desnuda o vestida. Al entrar en clase, había una pintada en la pizarra. Entre los padres se está hablando del tema. Mis compañeros me tratan distinto. Solo quiero que el centro tome algún tipo de medida.

Pausa

LUCÍA: Gabriel, lo ha publicado alguien de aquí y tú eres el director.

GABRIEL: Esto... es que esto es un tema personal, Lucía. Si tú has decido mandar un vídeo pornográfico a tu marido, a un amante o a un compañero de trabajo, no puedes responsabilizar al colegio, ¿me entiendes?

LUCÍA: Pero deja de ser personal si son mis compañeros y los padres de los niños los que me están haciendo la vida imposible, ¿o no?

GABRIEL: Bueno, la vida imposible, ¿qué es hacer la vida imposible? El caso es que alguien ha compartido sin tu permiso un vídeo, eso puedes denunciarlo tú directamente a la policía. Mira, hoy cuando salgas de clase te acercas a la comisaría que hay ahí en la calle… La que está al lado de un Telepizza. Andando son diez minutos y les cuentas todo y pones la denuncia. ¿Me entiendes?

LUCÍA: Pero es que no quiero denunciar.

GABRIEL: ¿Qué pasa? ¿Ha sido un despiste de tu marido y no lo quieres meter en problemas?

LUCÍA: No, no es eso. Es que no quiero contarle mi vida a nadie.

GABRIEL: Pero si es que tienes tú razón, Lucía, te van a dar la razón. Son profesionales. Ellos ven este tipo de cosas todos los días. A ti esto ahora te parece un mundo, pero para ellos es el pan de cada día.

Lucía no se siente cómoda hablando del tema. Cruza los brazos para cubrir su cuerpo.

LUCÍA: ¡Que no quiero meter en mi vida a nadie, joder, Gabriel!

Pausa.

LUCÍA: Perdón.

Gabriel aparta la mirada.

GABRIEL: Bueno, pues haz lo que consideres, lo que no puedes pedir son responsabilidades al colegio por una cuestión tuya personal, ¿sabes lo que te quiero decir?

Lucía no contesta.

GABRIEL: Lucía ¿sabes o no sabes?

LUCÍA: Que sí, que lo sé. Que lo sé. Yo lo resolveré.

GABRIEL: Yo, si te parece, voy a mandar un escrito llamando a la calma. Me preocupan sobre todo los niños, lo peor sería que les llegase a los niños. Ahí sí que tendríamos que tomar medidas. Menos mal que todavía hay pocos que tengan móvil a estas edades, ¿eh? Mira, lo tengo redactado, ¿te lo leo? Estimados compañeros, a raíz de los últimos acontecimientos sucedidos en relación al vídeo pornográfico de nuestra /

LUCÍA: Preferiría que no pusieras pornográfico.

GABRIEL: Hombre, el vídeo *es* pornográfico, Lucía.

Pausa.

LUCÍA: ¿Puedes poner solo vídeo?

GABRIEL: Claro, vídeo, vídeo a secas, como tú te sientas más cómoda, ¿no ves que estoy aquí para ayudar?

LUCÍA: Mira, da igual, no mandes nada, ¿vale? Yo me apañaré. Yo la he cagado y yo lo resolveré.

NARRADOR 1: Es martes, 18 de febrero, dos horas después de esta reunión el vídeo de Lucía estará disponible en *PornHub*, *Youporn*, *XVideos*, *Porn HD* y ¿ya no?

NARRADOR 2: *Xnxx*.

NARRADOR 1: Una hora después se podrá encontrar en casi todas las páginas porno gratuitas de España. Esta noche, Gabriel, el director del colegio, cenará una tortilla francesa y una ensalada de tomate. Después, acostará a sus hijos y se encerrará en el despacho de casa a corregir exámenes. A las once y veintisiete minutos de la noche se masturbará con la mano derecha viendo el vídeo de Lucía desde su móvil.

LUCÍA: Gracias.

GABRIEL: Nada, Lucía, gracias a ti y ya sabes, para todo lo que necesites.

Gabriel extiende su brazo derecho y le da un apretón de manos cordial a Lucía.

MIÉRCOLES

9. Tenemos que darles voz

Lucía habla con su hermana Julia por teléfono. Julia está de compras en el supermercado, conduciendo o haciendo cualquier otra actividad cotidiana que requiera cierta atención. Lucía, escondida en una clase de infantil, se come un sándwich.

JULIA: ¿Y ahora dónde estás?

LUCÍA: En el colegio, ¿dónde voy a estar?

JULIA: ¿Y lo ha visto todo el mundo?

LUCÍA: Pues, hombre, a estas alturas imagino que sí. Yo me enteré antes de ayer, pero ya lo había visto un montón de gente.

JULIA: Joder... Qué mierda...

LUCÍA: Ya... No sé qué hacer.

JULIA: Vale, vale, vale, vale, vale, vale. Mira, tú no te preocupes. Ya sé qué vamos a hacer.

LUCÍA: No quiero denunciar.

JULIA: No, no, nada de denunciar. Esto que te está pasando es muy fuerte y muy injusto. No puede quedarse ahí. ¡La gente tiene que saberlo!

LUCÍA: ¿Perdón?

JULIA: Claro, Lu, es que todo esto que te está pasando es por el puto heteropatriarcado.

LUCÍA: Ya, ¿y qué quieres que haga?

JULIA: Pues venir al programa a contarlo todo. Puedo hablar con Rocío Blasco, la presentadora, somos súper amigas.

LUCÍA: Es broma... ¿te has vuelto loca?

JULIA: Lu, la gente tiene que saber lo que te están haciendo.

LUCÍA: Es lo que me faltaba. No puedo aparecer ahí...

JULIA: Tú es que siempre has sido así.

LUCÍA: Así, ¿cómo?

JULIA: Egoísta Lucía, egoísta. Desde que éramos crías. Me castigaba mamá por algo que hacía el primo y no decías nada. Tía, a veces hay que mojarse, alzar la voz. ¡Tienes una responsabilidad con esas mujeres que no pueden contar su historia! Somos unas privilegiadas.

LUCÍA: ¿Y te parece que ir a un *magazine* a las diez de la mañana va a mejorar la situación de «esas mujeres»?

JULIA: Pues no lo sé, Lucía, no lo sé, pero por algo hay que empezar. Lo que no podemos hacer es dejar que ellos ganen, que gane el sistema. Dame un momentito que voy a pagar.

LUCÍA: Bueno, gracias por tu ayuda.

JULIA: Mira, no lo decidas ahora, yo voy a comentárselo a Rocío Blasco. A ver qué me dice ella. Es que esa mujer es luz, es una tía súper de fiar, *supercrack,* seguro que ella sabe cómo enfocarlo.

LUCÍA; Vale, que sí, haz lo que quieras. Hablamos luego que tengo que entrar a clase. Un beso.

JULIA: ¡*Ciao, sister*! ¡Y no te quiero oír así de bajón! Que ya verás que todo va a salir chachi. ¡Besitos!

10. Compañeros antes que amigos

Es última hora de la tarde. La luz anaranjada del atardecer baña la sala de profesores. Belén, Antonio y Lucía recortan papeles de colores para hacer unas guirnaldas.

BELÉN: Me están quedando bien, ¿no?

ANTONIO: La verdad es que sí.

BELÉN: Si no me hubiera dedicado al deporte me habría gustado tener un blog de manualidades o algo así. Creo que tengo un /

Lucía está recortando una silueta en un folio.

LUCÍA: ¡Ay! ¡Joder! ¡Mierda! Joder…

ANTONIO: ¿Qué pasa?

LUCÍA: Me he cortado con el papel. Mierda.

BELÉN: ¡Ay, qué impresión me da eso! Ni me lo enseñes.

LUCÍA: Tranquila, no te lo iba a enseñar.

BELÉN: Uy, es que como te gusta tanto enseñarlo todo.

ANTONIO: Belén, tía, no seas así.

LUCÍA: ¿Pero a ti qué te pasa?

ANTONIO: No le hagas caso, Lucía. Lleva todo el día superborde.

Le acerca una tirita a Lucía.

LUCÍA: Ay, quita.

BELÉN: Perdona, Lucía. No quería hurgar en la herida.

LUCÍA: Nada tía, perdona tú. Es que no sé qué me pasa. Me cuesta concentrarme y estoy súper…

ANTONIO: ¿Irascible?

LUCÍA: No sé qué hacer. Me da la sensación de que todo el mundo está hablando de mí.

BELÉN: Bueno... Seguro que pronto se olvidan.

ANTONIO: Tía, está todo el mundo haciendo apuestas sobre quién lo ha publicado... Dicen que fue Raúl o Manu. ¿Estás segura de que no lo quieres decir? ¡Le podría caer un puro!

LUCÍA: No, no quiero darle más bola al tema.

ANTONIO: ¿Ni siquiera a nosotros?

LUCÍA: Si es que... No va a cambiar nada, cuanto más se sepa más se va a complicar todo. No sé. No puedo pensar. Encima estoy muerta. Llevo dos noches sin dormir nada.

ANTONIO: ¿Y si te pides la baja?

Belén saca una pastilla del bolso.

BELÉN: ¡Qué baja ni qué baja! Nada, cariño, si no te puedes relajar te tomas media de estas que son mano de santo. Yo las llevo siempre encima por si acaso.

Lucía coge la pastilla y se la queda mirando.

LUCÍA: Encima es que este viernes es la puñetera gala esa. Es que es... Dios, es pasado mañana ya.

ANTONIO: ¿Y vas a ir?

LUCÍA: Hombre, pensaba ir, sí. Es mi trabajo, y Marcos actuará con los de su clase...

ANTONIO: Claro, claro.

LUCÍA: ¿Por qué preguntas?

BELÉN: Hombre, meterte en un salón de actos lleno de padres, alumnos y profes que te han visto en bolas como una estrella del porno pues /

Suena el móvil de Lucía. Tiene un mensaje de audio en WhatsApp.

LUCÍA: Perdonad.

Se pone de pie y sale del aula para escucharlo.

RUBÉN: Hola. Verás que te he mandado varios mensajes y al final los he eliminado. Estaba muy cabreado. Llevo toda la tarde pensando qué coño decir, pero es que no encuentro las palabras... (*Pausa)* Te dejo un mensaje porque la verdad es que ahora mismo no tengo ganas de oírte. Me ha llamado Curro. ¡Le ha llegado el vídeo por un grupo de WhatsApp! Ha reconocido nuestro dormitorio... Supongo que aquí tenemos la explicación de por qué llevas toda la semana así de rara. Sinceramente, no sé qué hacer. Lo que me apetece de verdad es coger mis cosas y salir por la puerta con los niños. Te han visto los de mi curro, Toni, Javi... Me siento humillado. No sé cómo has podido. Todo el mundo lo sabía menos yo. Creo que no me merezco nada de esto. (*Respira hondo*) Mira, te mando esto porque ahora mismo no me veo con fuerzas para verte. Quédate con tu madre o con alguna amiga o si quieres con el tío ese al que te estás follando. O duerme debajo de un puente. Me da igual. Pero, por favor, no vengas a casa y no me llames. Creo que es mejor que de momento no veas a los niños hasta que todo se aclare.

Lucía se queda fuera del aula conteniendo las lágrimas. Escuchamos los latidos de su corazón. Siente que le falta la respiración. Empieza a hiperventilar. Su respiración comienza a mezclarse con los gemidos del vídeo. Escuchamos algunas frases del audio de Rubén intercaladas con los gemidos del audio.

Lucía hace un esfuerzo por normalizar su respiración. Se acerca caminando despacio hacia la puerta, pero al escuchar su nombre en la conversación de sus compañeros se detiene.

ANTONIO: ¿Con Lucía?

BELÉN: Sí, no puedo, no es que no quiera, es que no puedo. No sé qué me pasa.

ANTONIO: Jo, tía, pobre...

BELÉN: A ver, la aprecio un montón. Joder, tú saber que hemos sido muy amigas. Le he hecho de niñera un montón de veces este curso. Pero es que ahora, es como si hubiera visto a la verdadera Lucía. Me parece una falsa, parece que quiere llamar la atención todo el rato.

ANTONIO: A ver, esto que ha pasado no es su culpa...

BELÉN: ¿Tú estás seguro? Es que, yo hoy lo pensaba. ¿Y si es ella la que ha compartido el vídeo?

ANTONIO: ¿Ella? ¿Ella para qué?

BELÉN: Hombre, muchas famosas lo han hecho. Mira la concejala aquella que se hizo famosa por un vídeo.

ANTONIO: Bueno, pero Olvido lo debió pasar fatal... Aunque Kim Kardashian sí que se hizo famosa por un vídeo sexual.

BELÉN: ¿Ves? Es que si no ¿por qué no nos quiere contar quién lo ha publicado?

ANTONIO: Ya, eso yo no lo entiendo. Es que joder... Igual esto es que voy a decir es un poco egoísta, no sé. Pero, en qué posición nos deja a nosotros, ¿no? Yo al principio la defendía, te lo juro, pero es que llega un punto...

BELÉN: A mí no me apetece estar con ella. Es que no me apetece. Estoy segura de que ha sido ella.

Lucía entra a la clase llorando.

ANTONIO: ¡Lucía!

BELÉN: Encima escuchando conversaciones ajenas. Nena, te estás coronando.

LUCÍA: Fue Manu.

ANTONIO: ¿Qué pasó?

LUCÍA: Estuvimos liados hace unos años. Antes de que naciera Cloe, Rubén y yo nos separamos unos meses y...

BELÉN: Ya.

LUCÍA: Ya, ¿qué?

BELÉN: Nada Lucía, ya nada. Di lo que quieras. Que es que a veces parece que no puedes soportar no ser el centro de atención.

LUCÍA: ¡Que no, de verdad! Que os digo la verdad.

BELÉN: Mira, paso. Me voy a mi casa. No te quiero escuchar más.

Belén se dirige a la puerta.

BELÉN: ¿Te vienes o te quedas Antonio? Si quieres te acerco a casa en coche.

Antonio duda, mira a Lucía y finalmente coge sus cosas y sigue a Belén.

ANTONIO: Hasta mañana, Lu.

Lucía no contesta.

11. Insomnio

NARRADOR 3: Es miércoles, son las tres de la madrugada. Lucía se ha escondido en el baño cuando el conserje ha entrado a apagar las luces antes de cerrar. Hoy va a dormir en el colegio.

Lucía está en la sala de profesores delante de un ordenador. Su rostro está iluminado únicamente por la pantalla. Ella teclea en el ordenador. Está en Xvídeos. Escribe en el buscador. «Profesora se masturba». Su vídeo aparece en la pantalla. En la parte inferior indica: «1,5K Me gustas, 500 No me gusta, 98 comentarios». Lucía se mete en los comentarios y comienzan a escucharse en voz alta con diferentes voces.

VOZ: Tía, estás buenísima, te veo y se me pone más dura que una piedra, ahora no me queda más remedio que hacerme una paja.

VOZ: *Very hot video. I would be constantly thinking about this video.*

VOZ: No hay nada más rico que *cogerse* a una zorrita pelirroja, simplemente delicioso.

VOZ: Pero menuda puta, hay que encontrarla.

Lucía se pone a escribir.

LUCÍA: Sois unos guarros y unos degenerados. Alguien ha publicado este vídeo sin mi consentimiento. Quiero que lo borren ahora mismo.

VOZ: ¿Así que tú eres la putita del vídeo? Quiero meterte la polla por todas partes. Te encontraré.

Lucía mira a su alrededor asustada. Cierra todas las ventanas del ordenador. Está muy nerviosa. Saca la pastilla que le ha dado Belén antes y se la toma con un poco de agua. Vuelve a abrir el buscador de Google y escribe «Cómo borrar un vídeo publicado sin tu consentimiento». Hace click sobre un vídeo en el que un chico y una chica explican con voz infantil:

VOZ 1: Si alguien ha publicado un vídeo tuyo de contenido íntimo, los pasos que tienes que dar son.

VOZ 2: Recopilar pruebas es uno de los pasos más importantes. Si puedes, ja, ja, ja. Ya que será lo que permitirá solicitar la tutela de los tribunales e identificar a los culpables. Aunque la culpa... La culpa la tienes tú.

VOZ 1: Eliminar las imágenes e intentar parar su difusión.

VOZ 2: Suerte con eso.

VOZ 1: Para parar la difusión del contenido es posible solicitar la tutela de la Agencia Española de Protección de Datos.

VOZ 2: ¿De la qué?

VOZ 1: Acudir a los tribunales para denunciar los hechos permitirá que puedan ser identificados los responsables de la difusión.

VOZ 2: Eso si te atreves, claro.

NARRADOR 2: Lucía sabe que tiene que denunciar a Manu. Sabe que él está enamorado de ella y sabe que es un niñato irresponsable. Tiene que parar esto, pero primero dejará que la pastilla haga su efecto. Tiene que dormir.

Lucía se toma la pastilla, se apoya en la mesa y se duerme.

Un policía se acerca a Lucía y le alumbra a la cara con una linterna roja. Lucía abre los ojos de golpe y se protege de la luz con los brazos. Todos los narradores van vestidos de policías con una estética entre cabaret y BDSM. Todo está lleno de humo.

NARRADOR 1: ¿Así que viene a denunciar?

Todos los policías se ríen a carcajadas.

NARRADORES *(Todos):* Necesitamos saberlo todo.

LUCÍA: Bueno, pues alguien publicó /

NARRADOR 2: Pero tú.

NARRADOR 3: ¿Qué hiciste tú?

LUCÍA: Bueno, yo, yo grabé un vídeo...

NARRADOR 4: ¿Grabaste un vídeo?

Cuando Lucía va a responder los policías se adelantan y responden por ella.

NARRADOR 1: ¿Qué tipo de vídeo?

NARRADOR 3: ¿Así que lo grabaste voluntariamente?

NARRADOR 4: Un vídeo en el que salías sola.

NARRADOR 2: ¿Así que sola?

NARRADOR 1: Así que no te hace falta nadie, ¿eh?

NARRADOR 3: ¿No necesitas ayuda de nadie para correrte?

NARRADOR 4: Pero sí necesitas ayuda ahora ¿verdad?

NARRADOR 1: Entiendo.

NARRADOR 2: Entiendo.

NARRADOR 3: Entiendo.

NARRADOR 4: Entiendo.

LUCÍA: ¿Por qué estamos en mi habitación? ¿Cómo hemos llegado aquí?

NARRADOR 1: Te lo hemos dicho.

NARRADOR 2: Se lo hemos dicho.

NARRADOR 3: Tenemos que saberlo todo.

LUCÍA: Bueno, pues esta es mi habitación. Quiero decir, la mía y la de mi marido. Rubén. Mi marido se llama Raúl, no, Mario, no, *(En un susurro)* Juan. ¿Qué me pasa? ¡No me acuerdo de cómo se llama!

NARRADORES *(Todos):* No se acuerda.

LUCÍA: ¿Por qué no me acuerdo? Miren, ¡es él! ¡El de la foto!

NARRADOR 4: ¿Y esa foto? ¿Por qué no salía en el vídeo?

LUCÍA: Me gusta mucho el cuadro este. El collage lo hice yo... con fotos de los niños y nuestras. Aquí de los cuatro en la Warner, esta del bautizo de Cloe es /

NARRADOR 3: Es una foto bonita. Es una pena.

NARRADOR 2: Es una pena.

LUCÍA: ¿El qué? ¿Qué es una pena?

NARRADOR 1: Es una pena que hayas destrozado a tu familia.

NARRADOR 4: ¿Y eso?

LUCÍA: Es mi mesilla. ¡Oiga! Ahí no hay nada de valor. Tengo un joyero con alguna cosa, un diario de cuando era cría...

NARRADOR 3: Esto nos los llevamos. Tenemos que saberlo todo.

NARRADOR 2: ¿Y esto qué es?

El policía huele un libro. Es Delta de Venus *de Anaïs Nin.*

NARRADOR 2: Robado.

LUCÍA: Bueno, lo encontré en la biblioteca, cuando tenía quince años. Me daba vergüenza pedirlo en préstamos y lo robé. Lo siento. Nunca más he vuelto a robar nada.

BIBLIOTECARIA: ¡Llevo años buscándolo!

LUCÍA: ¿Doña Rosa? Pero, usted está muerta.

BIBLIOTECARIA: ¡Diez años! Diez años ese hueco en la estantería. Por la ene. Nin. Anaïs Nin. Llevo diez años vagando sin poder encontrar la paz por tu culpa. ¡Niña mimada y caprichosa! Era junio de 2001, había una ola de calor. Llegamos a los treinta y seis. Y tú, niña estúpida, tuviste que robar

Delta de Venus. Todo el verano buscando. Era mi favorito… ¡Ladrona!

Lee un fragmento del libro.

NARRADOR 2: «Ahora comprendía Elena por qué los maridos españoles se niegan a iniciar a sus esposas en todas las posibilidades del amor: para evitar el riesgo de despertar en ellas una pasión insaciable. Cuanto más deseaba a Pierre, mayor era su ansia por otros amores. Anhelaba tan solo el momento de la pasión viniera de quien viniese».

NARRADOR 1: ¡Madre mía!

NARRADOR 3: Esto nos lo llevamos también.

NARRADOR 4: ¿Así que esta es su lectura habitual?

LUCÍA: No, yo solo… Tenía curiosidad.

NARRADOR 1: Entiendo.

NARRADOR 2: Entiendo.

NARRADOR 3: Entiendo.

NARRADOR 4: Entiendo.

LUCÍA: ¡Pues yo no entiendo nada! ¿Quiénes sois vosotros y por qué estáis en mi casa?

MANU: Aquí grabó el vídeo.

LUCÍA: ¿Manu? ¿Qué haces aquí?

MANU: No podía perdérmelo. Habrán visto que aparecen unas cortinas verdes al fondo. Pues son estas. El vídeo lo grabó en este ángulo. Puso cara de guarra. Mi favorita. Esperó a que su hijo estuviera dormido y se masturbó para mí. Se hizo un dedo para mí. Para mí.

NARRADOR 2: Para él.

MANU: Para mí.

NARRADOR 4: Para él.

MANU: Era mía.

NARRADOR 3: Era suya.

LUCÍA: ¿Por qué lo publicaste? ¿Por qué? (*A los policías*) ¡Fue él!

NARRADOR 2: Ya, claro.

MANU: Nadie te va a creer.

LUCÍA: Pero tú me quieres. ¿Por qué me hablas así?

MANU: Nadie te va a creer. Porque has sido tú. Tú lo enviaste. Es tu culpa.

NARRADOR 4: Hablemos sobre el vídeo. Queremos saberlo todo.

NARRADOR 2: Recuerde que es usted la que nos ha llamado.

LUCÍA: Recuerdo el tacto de mis bragas. Negras. De lencería. En el vídeo me las quitaba. Ya no me las pongo. Las he tirado. Me dan asco.

NARRADOR 3: Si no nos cuenta todo, no podremos ayudarla.

LUCÍA: Grabé varios. Hasta que alguno me convenció. Me veía sexy. Es una tontería. Hace tiempo que no me siento así. Dudé si mandarlo o no, pero al final lo mandé.

NARRADOR 4: Lo mandó.

NARRADOR 2: Claro que lo mandó.

Le suena el móvil, el sonido de la llamada se mezcla con el gemido del vídeo.

LUCÍA: ¿Qué suena? Es mi marido. ¿Hola? ¿Hola? No contesta.

El móvil no para de sonar.

LUCÍA: ¿Cariño? ¡Contéstame! ¿Por qué no para de sonar? ¿Por qué no me contestas? ¿Estás enfadado? ¡Amor, por favor! ¡Perdóname!

Narrador 2 le quita el móvil, mira la pantalla y la mira a ella. Comienza a tocarse la entrepierna por fuera de la ropa. Le pasa el móvil a Narrador 1, que repite la misma acción y pasa el móvil a Narrador 3 y 4. Los cuatro comienzan a tocarse todo el cuerpo. Poco a poco se van acercando a Lucía.

NARRADOR 2: ¿Grabó un vídeo sexual para otro hombre en la cama que compartía con su marido?

Los 4 narradores hablan cada vez más alto y están cada vez más cerca. Empiezan a sonar sollozos de bebés.

LUCÍA: ¡Mis hijos!

NARRADOR 4: ¿Aprovechó que su hijo recién nacido dormía para masturbarse delante de una cámara?

LUCÍA: ¡Cloe! ¡Marcos!

NARRADOR 3: ¿Por qué necesitaba mandar ese vídeo? ¿Se masturbaba además de follar habitualmente con su amante?

NARRADOR 1: ¿Tiene otros fetiches como ese? ¿En algún momento pensó en el daño que le podía hacer a su marido?

Suenan voces infantiles que dicen: ¡Mami! ¡Mamá!

LUCÍA: ¡Cloe! ¡Marcos!

NARRADOR 2: ¿Ha ido alguna vez a un psicólogo para tratar sus adicciones sexuales?

NARRADOR 4: ¿Ha sido diagnosticada con algún trastorno?

NARRADOR 3: ¿Llegó a contarle a su marido que lo había traicionado? ¿A cuántas personas más les ha enviado vídeos de ese tipo?

NARRADOR 2: ¿Se considera usted una guarra?

NARRADORES a la vez: ¿Qué pasaría si sus hijos si vieran ese vídeo?

LUCÍA: No, no... No lo sé. Mis hijos no.

Video-escena. Lucía intenta correr por un túnel, pero no le responden las piernas. Unas manos se proyectan y comienzan a recorrer su cuerpo como si la tocaran. El sonido y la música están cada vez más altos. Oscuro.

JUEVES

12. El primero orgasmo

Amanece. Una luz poco realista invade el ambiente y le da a la escena un aspecto extraño. Flora, la señora de la limpieza, entra tarareando Tatuaje, *de Concha Piquer, y se pone a barrer la sala de profesores. Bajo su uniforme asoman unas medias de rejilla y una liga de la escena anterior. Lucía, asustada por el ruido, abre los ojos de golpe.*

LUCÍA: ¡Ah!

FLORA ¡Ay, Jesús, María y José! ¡Qué susto me has dado!

LUCÍA: ¿Quién es usted? ¿Es nueva?

FLORA: ¿Yo nueva? ¡Qué va! Llevo treinta años limpiando, lo que pasa es que entro pronto.

Lucía mira su móvil. No tiene batería.

LUCÍA: ¿Me puede decir qué hora es?

FLORA: Ay, los cacharros esos del demonio. Yo por eso no tengo móvil. Sirven para emergencias, pero cuando una tiene una emergencia nunca están disponibles. Son las siete y cuarto, cariño.

LUCÍA: Gracias. Y perdone, no la quería asustar. Soy Lucía. Estuve hasta tarde corrigiendo exámenes y me debí quedar dormida.

FLORA: Yo soy Flora.

LUCÍA: ¿La puedo ayudar?

FLORA: Uy, chica, no te preocupes. Me apaño yo, si ya me queda poco.

LUCÍA: Déjeme ayudar, tengo muchas cosas en la cabeza y necesito mantenerme ocupada hasta que empiece la clase. Limpiar me relaja.

FLORA: Limpiando aparecen siempre las soluciones.

LUCÍA: ¿Empiezo por ahí?

FLORA: No, por ahí. ¿Qué es lo que necesitas solucionar? Soy buena escuchando problemas.

LUCÍA: Dice que no tiene móvil ¿verdad?

FLORA: ¿Y para qué me iba a servir a mí un ladrillo de esos?

LUCÍA: He tenido un sueño extraño y me he despertado con un recuerdo muy vívido de cuando era más joven. ¿Recuerda la primera vez que tuvo un orgasmo?

FLORA: Sí.

LUCÍA: Ay, perdone, que me tome la confianza. Creo que usted me recuerda a mi abuela. A mí la primera vez que tuve un orgasmo me dio por reír. ¿Se lo puedo contar?

Flora asiente con la cabeza.

LUCÍA: Fue con Carlos.

FLORA: ¿Quién?

LUCÍA: El hijo de unos amigos de mis padres.

FLORA: No lo conozco.

LUCÍA: Era el hijo de unos amigos de mis padres. Teníamos dieciséis años y cuando nuestros padres quedaban a cenar nosotros aprovechábamos porque se quedaban las casas vacías. Nunca fuimos novios ni nada así, pero nos lo pasábamos bien. Carlos era un par de años mayor que yo y tenía más experiencia. A veces, después de un rato (*Susurra*) metiéndonos mano, me preguntaba si yo no... Ya sabe. Y yo, la verdad es que no sabía en qué consistía eso, pero no me atrevía a decírselo. No sabía si mi cuerpo iba a reaccionar como el suyo, no sabía si tenía que salir algo o yo qué sé... Yo pensaba que solo se tenía un... al, al...

FLORA: Al hacer el amor.

LUCÍA: Sí, eso. Lo pensaba porque lo había visto alguna vez en películas que descargaba «por error» mi hermana Julia con el *Emule.*

FLORA: Yo, por error, me conformaba con los píxeles del Canal +, cuando todavía no se llamaban píxeles.

LUCÍA: ¿Ha fingido un, un orgasmo alguna vez?

FLORA: Sí.

LUCÍA: Yo ensayaba en casa sonidos parecidos a los que hacían las chicas de esos vídeos. Suponía que eso era lo que Carlos esperaba, pero luego nunca me atrevía a hacerlo con él... El caso es que una tarde sucedió. Carlos había alquilado en el videoclub *Harry Potter y la piedra filosofal.*

FLORA: ¿Cuál?

LUCÍA: *Harry Potter y la piedra filosofal.*

FLORA: No la he visto.

LUCÍA: Está muy bien. Estábamos en el sofá abrazándonos. Carlos fue, fue bajando por mi cuello y fue bajando más y más. Yo no sabía dónde meterme. Me parecía que *eso* tenía que oler fatal y saber peor. Me daba una vergüenza infinita, quise pararlo, pero... El caso es que fue pasando su, su lengua por...

Lucía intenta utilizar algunas palabras, pero no llegan a su boca.

LUCÍA: Por ahí. Por todas partes. Hasta llegar al, al... En aquel momento yo no sabía que aquello era el... Ay, joder, qué me pasa, ¡no me salen las palabras! Fue una liberación, de repente, ¡bum! Ahí estaba, mi primer...

Lucía rompe a llorar.

LUCÍA: ¿Qué me pasa? ¿Por qué no me salen las palabras? Una carcajada enorme me trepó como desde... *desde aquí.* Trepó desde aquí. ¿Por qué no puedo decirlo? ¡Es solo un cuerpo! ¡Es mi cuerpo! ¡Quiero decirlo! ¡Quiero contarlo yo!

Lucía se gira y Flora ha desaparecido. Comienza a sonar la alarma de su móvil. Lucía mira el móvil, descolocada, sin entender qué ha pasado. Todavía con el móvil en la mano busca en la agenda y llama a su madre.

NARRADOR 1: Lucía acaba de despertar de un sueño.

NARRADOR 4: No ha sido un sueño.

NARRADOR 3: ¿Y tú qué sabes?

NARRADOR 1: Ha sido un sueño. Nunca ha habido ninguna limpiadora que se llame Flora en el colegio.

NARRADOR 3: O si la hay, no sabemos si realmente fingió un orgasmo.

NARRADOR 4: Os digo que no ha sido un sueño.

NARRADOR 1: Lo que sabemos seguro es que Lucía llama a su madre.

NARRADOR 4: Sí, eso seguro. Lucía llama a su madre.

NARRADOR 3: Son las 6.30 horas de la mañana y Lucía llama a su madre.

LUCÍA: Mamá, sí, perdona la hora. ¿Te importa que vaya con los niños a pasar el fin de semana a tu casa? Mañana tienen lo del Carnaval y luego ya nos vamos nosotros, ¿vale? (...) Sí, hemos discutido. (...) No, no quiero hablar de eso ahora. Está todo bien. A lo mejor nos quedamos unos días en el pueblo contigo, ¿vale? (...) No, no pasa nada si no van a al colegio unos días. Bueno, ya hablaremos. Gracias. Un beso a papá.

ACTO III

13. Despacho del director

En el despacho del director están Gabriel (el director), Maite y Víctor (los padres de dos alumnos del colegio).

LUCÍA: ¿Me has llamado?

GABRIEL: Buenos días, Lucía, sí, pasa. Mira, este es José Gallego. Es el papá de Víctor Gallego y ella es la madre de Inés Lozano.

MAITE: Maite, soy Maite.

LUCÍA: Hola, Maite, sí nos hemos visto alguna vez. Estás en el AMPA ¿verdad? Encantada. Creo que a usted no lo conocía. Había coincidido solo con su marido.

JOSÉ: Hola. Puede ser.

LUCÍA: Bueno, ¿y qué sucede? ¿Víctor está bien? ¿Inés?

MAITE: Sí, están bien.

GABRIEL: Mira Lucía, José y Maite han venido a hablar conmigo porque están preocupados.

LUCÍA: ¿Preocupados por qué?

GABRIEL: Bueno, pues por sus hijos, por el colegio, por los rumores.

JOSÉ: Estoy preocupado por usted.

Lucía se mantiene en silencio.

JOSÉ: Sí, no me parece adecuado que usted esté impartiendo clase a niños pequeños.

LUCÍA: ¿Perdone?

JOSÉ: Pues eso, que creo que una persona como usted no es una buena influencia y, además, los niños son... vulnerables, son ingenuos.

LUCÍA: Mire, no sé si tiene alguna queja concreta. Si no, lo siento, pero tengo mucho trabajo que hacer y no entiendo nada.

GABRIEL: A ver, Lucía, no perdamos los nervios. La cuestión es que está preocupado por... por lo del vídeo.

LUCÍA: Pero qué tiene que ver el vídeo con los niños.

MAITE: Pues todo tiene que ver.

JOSÉ: Todo.

GABRIEL: Todo, Lucía.

LUCÍA: Se tendrá que explicar mejor.

MAITE: La cuestión es que nos preocupa el trato que podamos estar dando a los niños.

LUCÍA: ¿Que podamos estar dando o que pueda estar dando yo?

MAITE: A ver, Lucía, lo único que queremos es lo mejor para los niños, no te preocupes que solo hemos venido a hablar.

JOSÉ: *(A Lucía)* Mire, le he traído a Gabriel un ejercicio que le mandó usted a mi hijo hace mes y algo. En el momento mi marido no vio nada raro, pero claro, esta semana me he puesto a revisar todo yo. Por asegurarme y quedarme tranquilo *(Al director)* ¿Y me vas a decir que sabiendo lo que sabemos de ella *esto* es adecuado?

DIRECTOR: A ver. José, esto es lo que te comentaba... Forma parte del programa. Está todo en la Guía Didáctica. Ahí Lucía no puede intervenir.

Lucía coge el cuaderno y lo lee en voz baja.

LUCÍA: Mmm… ¿En serio?

JOSÉ: Le manda a un niño de diez años estos ejercicios. Explica qué es: vulva, fecundación, semen y cigoto. Indica cuáles son los caracteres sexuales secundarios que nos permiten saber si la persona que nos atiende en un comercio es hombre o mujer. Y va mi hijo y responde: En las niñas crecen las tetas, se ensanchan las caderas y aparece pelito. En los niños aparece pelito en la cola y en otras partes del cuerpo, se desarrolla la musculatura y cambia la voz.

LUCÍA: Normalmente hablamos de vello en el pubis, pero comprenderá que /

JOSÉ: No es una cuestión de léxico. Es que no me parece que una mujer a la que le hemos visto todos, como la hemos visto, ande explicando estas cosas.

GABRIEL: Lo que ha sucedido con ese vídeo es un hecho terrible, que sobre todo afecta a Lucía, sí, pero no olvidéis, por favor, que es algo totalmente ajeno al colegio. Y, en cualquier caso, Lucía es una víctima.

MAITE: Bueno, es que hay más. Ayer Violeta, la hermanita de Inés, que tiene cinco años, va y le pregunta a mi madre que qué es un orgasmo. ¿A usted le parece que eso es normal? Y claro, imagine la cara de mi madre…

Lucía no puede parar de pensar en la pesadilla que ha tenido esta noche. Se siente completamente derrotada.

LUCÍA: Pero yo no doy clase en infantil. ¿Qué tiene que ver conmigo?

MAITE: No, pero su hijo va a ese mismo curso. El tema del vídeo está generando en el colegio un ambiente preocupante.

GABRIEL: Bueno, tarde o temprano alguien le tendría que contar lo que es, ¿no, Maite? Mejor que sea su abuela a que lo busque en Internet... que luego si no llegan los malentendidos ¿eh? *(Busca una complicidad en José que no encuentra).*

MAITE: Me parece que no es momento para bromas, *señor director.*

JOSÉ: Los niños andan preocupados, Gabi, hay gente todo el rato de un lado para otro.

LUCÍA: ¡Mañana es la gala de Carnaval! Hay padres entrando y saliendo para hacer los disfraces, los niños están nerviosos. Es lo normal. Pasa todos los años.

JOSÉ: ¿Me va a decir usted a mí lo que es normal o no? Mire, lo que no es normal es que anden hablando a los niños de *sémenes,* vulvas y tetas. Por favor, Gabriel, solo te pido que cambies a Víctor de clase.

GABRIEL: Pero José, estamos a mitad de curso, no puedo hacer eso. Si Lucía quisiera, podría pasar a ser tutora del B... Aunque creo que a mitad de curso…

MAITE: No, yo coincido. No me parece adecuado. Sería peor el remedio que la enfermedad. Los niños llevan muy mal los cambios... Solo habría que encontrar la forma de contener esta, esta... contingencia.

JOSÉ: Pues, si no la cambiáis a ella, tendré que tomar otras medidas.

MAITE: ¿Qué medidas?

JOSÉ: Pondré una queja a la Inspección de Educación.

LUCÍA: ¿A la Inspección?

GABRIEL: José, es muy complicado que abran un expediente por esto. Lucía no ha hecho nada que afecte a su trabajo como docente en este centro.

JOSÉ: ¡Pues claro que sí!

MAITE: José, por favor, no saquemos las cosas de quicio, me parece que estás exagerando.

JOSÉ: ¿¿Exagerando?? ¡Están pasando cosas, Gabriel!

GABRIEL: ¿Qué cosas están pasando?

JOSÉ: ¡Víctor ha visto el vídeo!

LUCÍA: ¿Cómo?

JOSÉ: ¡Me cogió el móvil! Se sabe mi contraseña porque cuando vamos a comer por ahí se lo dejo para que juegue y ayer... Bueno, pues vio el vídeo y... ¿Cómo va a volver a clase con Lucía después de verla así?

LUCÍA: Mierda.

GABRIEL: Joder.

JOSÉ: No hay derecho a que circule ese tipo de material sobre una persona que, que ha de ser un ejemplo. ¿No?

MAITE: ¿Y se puede saber por qué tenías ese vídeo en el móvil?

JOSÉ: ¿Qué pasa?, ¿que es culpa mía?

LUCÍA: No, es mi culpa. Lo siento muchísimo. Siento todo lo que está pasando. No hace falta que metas al inspector en esto, vaya, haz lo que consideres adecuado, pero, de momento, si te parece bien, Gabi, voy a esperar a la gala de mañana y después me pediré unos días de asuntos propios hasta que todo esto se calme. Ya lo tenía pensado. Lo que menos quiero es perjudicar a los niños. Yo soy también madre y... bueno, como maestra, solo quiero lo mejor para ellos.

NARRADOR 2: Lo que le jode a Gabriel es que todo está fuera de control. Lo que realmente le molesta es que en una semana el colegio se ha puesto patas arriba y él no sabe qué hacer. Lo que le jode es la incertidumbre.

NARRADOR 4: Lo que le jode a Maite es que su madre no le haya explicado a Violeta qué es un orgasmo. Lo que realmente le duele es que su madre nunca ha sentido uno y ella misma lleva más de media vida fingiendo. Lo que le da miedo es que sus hijas no sientan uno nunca.

NARRADOR 2: Lo que le jode a José es que alguien piense que él es un mal padre y que no sabe cuidar de su hijo. Lo que realmente le da pánico es ser un mal padre y no saber cómo cuidar de su hijo.

NARRADOR 3: Lo que nadie en esa mesa está pensando es que la palabra clítoris no aparece en ningún libro de primaria.

NARRADOR 2: Lo que le jode a Lucía es que ya nada le molesta: solo siente culpa.

NARRADOR 1: Lo que realmente le da miedo es que siente que la ha cagado hasta el fondo y no es capaz de ver ninguna solución.

NARRADOR 4: Lo que le da pánico es explicarle a su madre por qué ha discutido con Rubén.

VIERNES

14. Lucía nunca ha pensado en morir

Escucha un audio de su hermana en el móvil.

AUDIO DE JULIA, HERMANA DE LUCÍA, EN OFF (Narrador 4): Luci, cariño. ¡Buenas noticias! Ya está todo organizado. Le he contado tu historia a mi jefa y le ha flipado, bueno, tú me entiendes. Nos han dado un hueco en el matinal del sábado así que mañana sobre las diez paso a por ti en un taxi y nos vamos para el plató. ¡Ponte mona que vamos a salir en la tele! Ah, y ¡mándame foto de mi sobri que lo quiero ver guapo reguapo con ese disfraz! ¡Besitos a los nenes y mi cuñado!

Lucía se maquilla en el baño del colegio con una nariz y unos bigotes. No queda claro qué animal es. Se prepara para el Carnaval.

NARRADOR 2: Lucía nunca ha pensado en morir. De niña soñó muchas veces que sus padres morían en un accidente de tráfico. Soñaba que la llevaban a alguna parte y que en el camino de vuelta su coche se salía de la carretera. ¿Y entonces qué? Experimentaba una y otra vez esa culpa imaginaria de lo que podría suceder.

NARRADOR 1: Desde que es madre, ese miedo pasó a un plano mucho más real y convive cada día con el miedo a que sus hijos sufran. Lucía es de esas madres que roza el pecho de su bebé por la noche para asegurarse de que todavía respira. Rubén también lo hace desde que les dijeron que Marcos es celíaco. ¿Qué tendrá que ver? Se pregunta Lucía. Y, aun así, cuando lo ve, se siente tranquila de que Rubén esté ahí.

NARRADOR 3: Lucía nunca ha pensado en morir, pero hubo un tiempo en el que sí que quiso desaparecer. Cuando tenía quince años, recuerda, durante unos meses, le costaba levantarse de la cama y sentía que nada le hacía feliz. Fueron meses extraños y difíciles en los que no se sentía ella misma, pero esa sensación pasó con el tiempo y desapareció llevándose consigo el acné y un flequillo poco favorecedor.

NARRADOR 4: Pero bueno, ya vale de hablar de moñadas, ¡hoy es viernes 21 de febrero y celebramos el Carnaval!

15. Carnaval

Lucía está en medio del escenario rodeada por los cuatro narradores, que giran a su alrededor. Podrían ir vestidos para un Carnaval oscuro y siniestro. Tal vez como salidos de la propia pesadilla de Lucía.

NARRADOR 3: Esta tarde contaremos con personajes de toda clase y pelaje. Cada curso representará a un ecosistema dando vida a los animales que lo habitan. Empezaremos el desfile presentando ¡a los niños!

NARRADOR 2: ¿Los niños?

NARRADOR 3: Claro, los niños.

NARRADOR 2: Aquí no hay niños.

NARRADOR 4: ¿Para qué niños?

NARRADOR 1: Claro, ¿para qué?

NARRADOR 3: Total, qué más da.

NARRADOR 2: Podemos contar esta historia perfectamente sin los niños.

NARRADOR 4: Un colegio sin niños, ¿te imaginas?

Lucía va a intervenir, los tres la miran a la vez y Lucía guarda silencio.

NARRADOR 3: Si hubiera podrían... Si hubiera niños, me refiero, podrían disfrazarse de gallinas.

NARRADOR 4: No, mejor de pollos, pollitos de estos de colores que vendían antes en los mercadillos. ¡Eran tan monos!

NARRADOR 1: También podrían vestirse de pequeños cerditos rosados, son tan ingenuos ahí esperando el momento para emitir ese último chillido.

NARRADOR 2: El chillido es lo que los salva.

NARRADOR 3: ¿Los salva de qué?

NARRADOR 2: Los salva de crecer, de convertirse en cerdos grandes y asquerosos. Cerdos de esos que dan miedo.

Hacen ruiditos de cerdos. Para la música, los narradores modifican el espacio y entra una cortina de plástico rosa a modo de concurso de talentos (Lluvia de estrellas).

NARRADOR 3: ¡Bienvenidos todos a la Gala de Carnaval!

NARRADOR 4: Y por aquí viene la hiena.

NARRADOR 2: ¿Yo?

NARRADOR 4: Claro. La hiena. La mejor amiga.

Entre Narrador 1 y Narrador 3 visten a Narrador 2 con algún complemento de disfraz.

NARRADOR 4: Las hienas son únicas y constituyen un componente vital para los ecosistemas de África y Asia. Son carroñeras, cobardes y practican el parasitismo.

NARRADOR 3: En ocasiones pueden ser cazadoras también. La mordedura de la hiena es la más fuerte de los mamíferos.

NARRADOR 1: Lo mejor de la hiena son sus aullidos nocturnos, que parecen una risa macabra.

Narrador 2 comienza a reír a carcajadas señalando a Lucía. Narrador 1 y Narrador 3 la acompañan. Entonces, Narrador 2 para de reír y se asoma entre los demás buscando a alguien.

NARRADOR 2: ¿Y el perezoso?

NARRADOR 3: El señor director no se ha dignado a aparecer.

NARRADOR 4: Pero sí tenemos a las colúmbidas.

NARRADOR 3: ¿Colúmbidas?

NARRADOR 4: Las palomas. La paloma. ¡Baila!

Miran a Narrador 1, que comienza a moverse como una paloma. Le ponen una máscara de paloma.

NARRADOR 2: Ella casi llegó a enamorarse de él. El símbolo de la paz. Volando por el cielo, libre y joven.

NARRADOR 4: El amante bandido.

NARRADOR 3: El joven enamorado.

NARRADOR 2: Luego, descubrió que era común, discreto, simple y gris.

NARRADOR 4: Lo que nunca pensó es que fuera el foco de la infección. La bacteria penetra en el organismo a través de las vías respiratorias humanas.

NARRADOR 2: Se propaga por el torrente sanguíneo para invadir el pulmón, el bazo, el hígado... Te jode pero bien.

NARRADOR 3: Parecía tan inofensiva y solo con el contacto directo, lo infecta todo.

Narrador 1 baila haciendo movimientos de paloma.

NARRADOR 2: Y no podía faltar la boa.

NARRADOR 3: La boa constrictor.

Narrador 3 y 1 visten a Narrador 4 de serpiente.

NARRADOR 1: El abrazo letal de la hermanísima.

NARRADOR 3: La que siempre está ahí, acechando con sus pequeños ojillos.

NARRADOR 2: Siempre dispuesta a dar un abrazo.

NARRADOR 1: El último abrazo.

NARRADOR 3: Cuando una boa se enrosca en el cuerpo de su presa, acaba con la sincronización perfecta de su sistema circulatorio.

NARRADOR 2: La presión arterial se desploma. El corazón no tiene fuerzas para continuar.

NARRADOR 1: El amor de hermana no fue suficiente.

NARRADOR 4: Y ya nos acercamos al final de las presentaciones. Aquí tenemos al eterno perrito faldero. El marido.

Entre Narrador 1 y Narrador 4 visten a Narrador 3.

NARRADOR 2: Cabeza de familia, líder de la manada.

NARRADOR 1: Él, siempre fiel. Le gusta pensarse lobo, pero todos saben que se ha convertido en un triste perro doméstico.

NARRADOR 4: El mejor amigo del hombre.

NARRADOR 2: Y de la mujer.

NARRADOR 4: ¿O ya no?

LUCÍA: ¡Rubén! ¿Qué haces aquí?

RUBÉN: ¿Así que pensabas llevarte a mis hijos?

LUCÍA: ¿Qué dices?

RUBÉN: Tú madre me ha llamado. Me lo ha contado todo. Está muy preocupada. No quiere que discutamos.

LUCÍA: ¿Qué le has contado?

RUBÉN: ¿Qué querías que le contase?

LUCÍA: Rubén, por favor.

RUBÉN: No paraba de decirme que te perdonara así que he tenido que decirle la verdad. ¿No estabas tan orgullosa?

LUCÍA: Por favor, Rubén, no me hagas estar lejos de los niños.

RUBÉN: No te los llevarás. ¿Qué crees que va a pasar?

LUCÍA: ¿A qué te refieres?

RUBÉN: Algunos niños ya han visto el vídeo, qué pasará cuando les llegue a ellos. No estarán bien contigo. Has sido una egoísta y una irresponsable. ¿Te parece que eres una buena madre? ¿De verdad crees que vas a poder conservar tu trabajo? ¿Cómo vas a mantenerlos? ¿Dónde vas a vivir? Si no tienes ni una amiga... Ya me ha dicho el conserje que llevas dos días durmiendo en la sala de profesores. Estás sola y no te reconozco. No permitiré que arrastres contigo a Marcos y Cloe, no lo permitiré.

LUCÍA: Yo, no, yo…

Lucía rompe a llorar. No le llega el aire a los pulmones. Volvemos a escuchar su corazón cada vez más deprisa.

NARRADOR 1: Chicos, porfa, hemos dicho: ¡Alegría! ¡Esto es una gala de Carnaval!

Lucía intenta irse, pero entre los dos narradores la agarran. Rubén se la queda mirando.

RUBÉN: No sé quién eres.

Rubén se gira y se va.

NARRADOR 2: Y, por último.

NARRADOR 1: ¡La magnífica!

NARRADOR 4: ¡La inigualable!

NARRADOR 1: La espectacular…

NARRADOR 2: ¡La zorra!

Entre los dos narradores le quitan la ropa. Ella intenta evitarlo.

NARRADOR 4: Perra.

NARRADOR 2: Cerda.

NARRADOR 1: Coneja.

NARADOR 4: Más puta que las gallinas.

NARRADOR 1: Si es que ya se sabe...

Lucía consigue soltarse, recupera su ropa y sale corriendo.

NARADOR 2: Ella solita se hace la granja entera.

NARRADOR 1: ¡Que no pare la fiesta!

Los narradores permanecen en el escenario bailando. Lucía se sienta llorando en una esquina y abraza su ropa hecha una bola. Vemos cómo su expresión se relaja. Parece que ha tomado una deci-

sión. Se pone de pie y comienza a vestirse muy despacio. El frenético baile de los narradores se va ralentizando con la música hasta que ellos se quedan totalmente quietos. Lucía cruza el escenario caminando entre ellos.

16. Lucía nunca había pensado en morir

Escuchamos pasos. Lucía está subiendo una escalera. Tiene la respiración entrecortada. Sube a la azotea del colegio. Escuchamos muy de lejos la misma música que antes. Los narradores la siguen.

NARRADOR 4: Lucía nunca había pensado en morir. Con el tiempo Lucía ha pasado miedo y ha sentido la muerte próxima en varias ocasiones.

NARRADOR 3: Una vez, volvía de un viaje en un avión minúsculo y pensó que iba a morir. Las turbulencias eran cada vez más fuertes. A Lucía le daba miedo caer al vacío, pero en aquel momento solo podía pensar que el viaje había merecido la pena.

NARRADOR 2: Otras veces, ha sentido el peligro, la proximidad del final, en el fondo de un callejón oscuro, en los pasos de un desconocido en una calle vacía o en la intimidad de una cama, pero el miedo al dolor siempre ha sido mayor que el miedo a la muerte.

NARRADOR 1: Ahora, Lucía está en el tejado del colegio. Nunca había estado aquí. Estamos en un quinto piso. Lucía trepa hacia la torre de la antigua capilla para estar más alta. Desde aquí puede ver el tobogán del patio pequeño. Es uno de esos viejos, de hierro. Lleva allí más de treinta años y lo han repintado varias veces. Ahora es de color amarillo y azul. Con solo 6 años, Lucía se cayó de lo alto del tobogán y se torció el tobillo. Todavía recuerda el dolor. También recuerda cómo cogió aire para llorar a pleno pulmón y que su profesora fuera a por ella. Tenía muchas ganas de vivir.

NARRADOR 2: Hoy es diferente. Hoy Lucía no puede más.

NARRADOR 4: Hoy Lucía quiere morir.

Lucía mira al patio de butacas. Estamos en el tejado del colegio. La música de la celebración se escucha lo lejos. Suena el tic-tac de un reloj. Habla al público.

LUCÍA: Decidles a mis hijos que lo siento. Decidles, por favor, que sé que ellos serán más fuertes que yo, más valientes. Sé que esperabais más de mí, sé que merecéis más. Solo necesito silencio. Silencio. No puedo más. Hay demasiado ruido. Tanto ruido. Tantas voces. Tengo aquí una culpa que me devora por dentro. No tengo fuerza. Decidles que morí un día de verano, no, un día de primavera. Decidles que lo último que vi fueron flores al lado de la verja. Que morí rodeada de flores. Que me despidió un mirlo con un canto alegre. No quiero nada solemne. Decidles que son importantes, que son únicos. Decidles que todo era de color naranja, que se ponía el sol cuando salté.

Cierra los ojos y salta por el tejado. Dos narradores la sostienen en el aire. El tercer narrador proyecta la imagen de una fachada que desciende sobre su cuerpo. La música cesa, los narradores y Lucía caen derrumbados en el suelo.

Oscuro.

Fin.

FICHA DEL ESPECTÁCULO

Vulva de Irene Herrero Miguel se estrenó en la Sala Mirador de Madrid el 3 de diciembre de 2021 con el siguiente equipo:

DRAMATURGIA Y DIRECCIÓN
Irene Herrero Miguel

REPARTO
Silvia Vacas
Carmen Mayordomo / Mercedes Salvadores
Noemi Climent
Joaquín López-Bailo
Jesús Granda

MÚSICA ORIGINAL Y ESPACIO SONORO
Alberto Martín Paz

ESCENOGRAFÍA
Arantxa Melero

IDEA ORIGINAL ESPACIO ESCÉNICO
Joaquín López-Bailo

COREOGRAFÍA Y MOVIMIENTO
Mercè Grané

PRODUCCIÓN
Pablo Villa Sánchez

ILUMINACIÓN Y DISEÑO DE CARTEL
Jorge Simón

PRODUCCIÓN
Las Horas del Humo

AGRADECIMIENTOS

Durante el proceso de escritura tuve la suerte de contar con varios amigos y lectores que me ayudaron a entender lo que estaba escribiendo y a darle la forma que tiene hoy. Gracias, Juan Mayorga, Carlos Be, Sabela Paz, Miguel Casanova, Jorge Simón, Viviana Porras, Mercedes Villasana, Esther Miguel, Fernando Herrero y profesores y compañeros del Máster de Creación Teatral.

El teatro es un arte colectivo y, por eso, esta obra no habría existido nunca sin un elenco y un equipo artístico increíbles. Gracias, Joaquín, Silvia, Noemi, Carmen, Jesús, Mercedes y Miguel Ángel por hacer vuestros estos personajes y regalarles una voz y un cuerpo. Gracias, sobre todo, por confiar.

Gracias, Pablo, por hacer que todas estas ideas fueran posibles en el mundo real y Alberto, por crear la preciosa imagen de la portada de este libro y por decir siempre que sí.

Gracias, Jorge, por ser equipo; por la paciencia, el apoyo y el sostén.

Gracias a mi familia y amigos que, aunque no siempre me entienden, me apoyan y me quieren a pesar de que a veces elijo al teatro antes que a ellos. En especial a mis padres y a mi hermano Pablo, que me ayudaron a entender las costumbres y peculiaridades del mundo educativo.

Gracias a la Sala Mirador y a Lastura Ediciones, una primera oportunidad es el comienzo de muchas cosas.

ÍNDICE